Poesías para el alma

Beatríz García Orozco

Poesías para el alma

Beatríz García Orozco

Rapitbook
editorial bajo demanda

Primera edición: noviembre, 2025

Título original: Poesías para el alma

info@rapitbook.com
www.rapitbook.com

ISBN: 978-84-10484-42-9

Autora: Beatríz García Orozco

Cubierta: Beatríz García Orozco

Edición: Andrés Cárdenas

Impresión y encuadernación: Impresrapit SL
www.impresrapit.com

En Rapitbook cuidamos las historias y también a quienes las escriben.
Nada de atajos ni madrigueras ilegales.
El respeto al trabajo creativo es lo único que permite que sigamos llegando a tiempo.
Cada palabra aquí impresa ha seguido su propio camino
hasta encontrar un lector como tú.

Impreso en España - *Printed in Spain*

Dedicado a las personas
que siempre han estado allí.
A mi hijo Paul.
A mis padres,
que siempre los llevaré en mi corazón.
A mi familia.
A Claude.
Y a todas las personas
que han pasado por mi vida
para enseñarme algo,
transformando mi realidad
y haber llegado a ser
la persona que soy hoy.

Índice

SUEÑOS

Me gusta mucho soñar,
tengo esta mala costumbre,
siempre intento disfrutar
aunque esté en la muchedumbre.

Soñar es gratis y gratificante,
mirar al cielo, imaginar historias,
pasa a ser emocionante
y me provoca euforia.

Muchas veces se truncan,
otras se hacen realidad,
dejar de soñar, nunca,
para sobrevivir a la soledad.

Siempre hay que soñar,
nos ayuda a superar,
es bueno no olvidar que,
es mejor reír que llorar.

Los sueños, sueños son
pero pueden llegar a transformar
no lo tienes que dudar,
la fe y la esperanza, es fundamental.

A lo largo de mi vida,
entendí que es una cualidad,
que nos ayuda a sortear,
los malos tragos a pasar.

ALMA

Mi alma está inquieta,
mis pensamientos danzan,
sueño con llegar a la meta
nunca pierdo la esperanza.

Estoy inmersa en el movimiento
necesito la calma
de poder sentirme como el viento
de sentir feliz mi alma.

Las emociones afloran
como afloran las palabras
de una boca ansiosa
de un espíritu en alarma.

Los sentimientos persisten
pero el entorno cambia
mi corazón se resiste
mi esencia tiene rabia.

Mi cuerpo sensible llora
porque no encuentro respuestas
aunque las busca, no encuentra
respuestas a las preguntas.

Ya va siendo hora
de admitir la derrota
de saber lo que cuesta
reconocer que una esta rota.

El no encontrar motivo
para vivir esta vida
para seguir con la pena
sin caer en la ruina.

Aquí estoy por un momento,
corto, breve, sin sentido,
muchas vidas en el tiempo
ser feliz es lo único que pido.

HIJO

Has sido muy esperado
entre sueños y verdades,
Pensar en ti, ser amado,
imaginando tus cualidades.

Cuando llegaste al mundo
despertaste en mí, el amor incondicional
y lograste en un segundo
un cambio exponencial.

Abrazarte y mimarte,
era maravilloso y también la felicidad.
Sentir tu pequeño corazón palpitante,
hizo de mí una madre de verdad.

Verte crecer ha sido
una sensación de creatividad.
Eres parte de mí, me has sacudido el alma
y eres mi responsabilidad.

Daría todo sin pensar,
no puede haber tibiezas
en la madre y su amar,
que sepas que siempre estaré allí, si tropiezas.

Algún día lo sabrás, lo que es vivir en mi lugar.
Estarás feliz y las palabras sobrarán.
Te acordarás de mí,
cuando tengas tu hogar.

AMISTAD

Las amistades son vitales
están presentes en momentos complicados
son lazos ideales
mantenerlos es acertado.

Una llamada, una palabra,
una invitación, un momento grato,
miles de componentes lo avala,
un amigo es un regalo.

La complicidad es necesaria,
la unión se vuelve más fuerte,
no se limita, no es sectaria,
el tenerla es una suerte.

Gracias a mis amigas por estar,
gracias por compartir salidas,
presentes en mi pensar,
siempre serán bienvenidas.

Para alimento del alma,
para el corazón dotar
de cariño y acogida,
y hacer mas fácil la vida.

PINTAR

Pintar me desconecta
me ayuda a crear
me empuja, me inyecta
me fomenta mi creatividad.

Cojo los pinceles
los embadurno en pintura
siento las mieles
y creo hermosuras.

Son expresiones del alma
que se traslucen en colores,
mi esencia se vuelve calma
mis cuadros en amores.

Es bonito transmitir
emociones y humores,
siento mi corazón latir,
cuando me haces los honores.

Los cuadros no son objetos
para juzgar frugalmente
hay que tratarlos con respeto,
todo sale de la mente.

Los juicios pueden ser abrumadores
deprimir o engrandecer al artista,
yo sí tengo claro una cosa
por favor, no me ignores
y dame una opinión optimista.

CAMBIOS

Todos le tememos a los cambios,
ellos nos movilizan y nos aturden
pero es cuando surgen los verdaderos sabios,
y ellos no los eluden.

Si nos escondemos de ellos
reaccionan con más fuerza,
cada uno tenemos un sello
del cual aprendemos si uno se esfuerza.

Son importantes, hasta necesarios,
nos modifican las creencias.
Es una cuestión de calendario,
tarde o temprano los aprecias.

Nos abren la mente y nos flexibilizan las ideas,
nos profundiza el pensamiento,
en definitiva, nos hacen bien,
para evitarnos el cegamiento.

No dudes en aceptarlos
ellos nos ayudan a volar,
es mejor amarlos
es inútil quererlos controlar.

Ademas, es importante soltar,
volar como las aves,
¡no te preocupes, adelante!
Sé valiente, esa es la clave.

EL TURISTA

Uno es como un turista
que siente curiosidad
por conocer, a primera vista,
secretos de una ciudad.

Sin querer nos adentramos
en un laberinto de calles
que no conocemos y esperamos
sorprendernos sin desmalles.

La vida misma es
como la del turista,
búsquedas de novedades
que el placer sea el protagonista.

Todos queremos conocer todo
pero ese beneficio lo viven pocos,
hay que estar preparados de igual modo
para no pasar por locos.

El forastero tiene justificante
por no ser natural del sitio,
lo mismo pasa en la vida, aunque sea chocante
pero a eso venimos,
a tener conocimiento hasta el infinito.

La experiencia, el desgaste, las emociones,
todo forma parte de este viaje,
que abruma a algunos
y a otros les da coraje.

Hay de todo entre los viajeros
pero lo mejor es ser extranjero
en este viaje tan lleno de senderos
en los cuales aprendemos
a ser buenos pasajeros.

ALMA GEMELA

Espero encontrarte pronto,
en algún lugar o rincón,
con un pensamiento hondo,
soñando en mi balcón.

He viajado por el mundo
conociendo mucha gente,
buscando en lo más profundo
una relación coherente.

Muchos brazos me abrazaron,
con intenciones buenas
lo han logrado, acurrucarme,
pero no me han quitado las penas.

¿Existe el alma gemela?
Quizás, puede ser, a lo mejor…
sólo sé que acaramela
la idea de un buen amor.

Sueño con el príncipe azul
o no sé de qué color...
lo importante es el amor
y no tanto su azulón.

Sé que llegará, lo presiento,
la esperanza es eterna,
sólo espero vivir ese momento
con una alegría tierna.

No hay que desesperar,
hay un ser para cada uno,
es bueno aceptar el tiempo,
eso será oportuno.

Resumiendo, en el amor, como en la vida
es importante el humor,
las cosas llegan en la medida
que vivamos sin temor.

FLORES

Ellas existen desde siempre,
con sus bellas formas y colores
embriagadores olores,
son ideales para los amores.

Sus perfumes embellecen,
como una suave caricia
y sus formas nos ofrecen
como una dulce delicia.

Están en el campo, en los valles,
sierras y colinas,
aparecen en el asfalto
rompiendo las normas de la rutina.

Los pájaros las necesitan,
las abejas, los amantes,
ellas en silencio gritan
no ser dañadas por sus simpatizantes.

Sin ellas falta vida
dan color, dan alegría
hasta en las tumbas y lápidas
están presentes, que ironía.

Bonitas son al verlas,
inmersas en un florero
pero no las cortes, déjalas,
con su tallo entero.

Aparecen constantemente,
bodas, regalos, festejos, momentos gratos,
también son símbolos de muerte,
hasta las pintan como retratos.

Disfrútalas visualmente,
sin hacerles daño,
para que vivan eternamente
admirándolas todo el año.

MADRE

Eres fuerte, poderosa, creadora,
capaz de llevar un mundo
eres el alma motora, en la familia, en la sociedad,
en lo más profundo.

Te sacrificas por todos
muchas veces sin nada a cambio,
estás en todas partes, en todos los recodos,
disimulando el dolor y disimulando los agobios.

Tus manos son cálidas,
tus abrazos llenos de energía,
eres tan especial, tan mullida,
dando sensación de protección, madre mía.

Siempre tienes palabras de amor,
actúas con cariño y preocupación,
nunca tienes gestos de resquemor,
solucionando problemas con intuición.

Estás presente en mi corazón,
aunque tú ya no estés físicamente,
pero existes en mi mente
y también en mi alma, felizmente.

PADRE

Siempre con fuerza hacia adelante,
gran luchador, así te recuerdo,
trabajador, un laburante,
un ser claro y cuerdo.

Brillante, inteligente, ameno,
lleno de ideas, pero creando realidades,
nunca has hecho daño, un hombre bueno,
dando clases en las universidades.

Tus buenos consejos eran de tener en cuenta,
salían de tu corazón,
dabas buen ejemplo, aún en la tormenta.
Muchas veces tenías la razón.

Estás presente constantemente,
difícil olvidar un padre como tú,
un orgullo, mi progenitor,
te llevo en mi espíritu, afortunadamente.

CASUALIDAD

¿Por qué creemos que las cosas
pasan por casualidad?
¿Pensar que las circunstancias van airosas
cuando en realidad hay una causalidad?

¿Que sucede con la suerte?
¿Con la fortuna o con la fatalidad?
¿Existe un destino que creerte
como única posibilidad?

Es verdad que hay infortunios,
golpes de azar o simplemente pruebas a pasar,
para aprender de una vez, tozudamente,
los sucesos pasados a superar.

Quisiera que pensaras, tan sólo por un momento,
observar tu vida de verdad
y si me apuras, profundizar con lamento
a lo largo de tu edad.

Todas esas vivencias
que te han hecho sufrir más,
si realmente las has superado
o si intentas perpetuar.

Eres tú el perjudicado
y nadie, nadie más,
reacciona, modifica,
cambia el enfoque en un plis plas.

Para no sentirte frustrado,
frustrado de verdad,
de no haber cambiado tu vida
y haber pasado sin más.

ENVEJECER

Me veo al espejo
y veo en él a una mujer
con arrugas, no me quejo,
es signo de envejecer.

Las canas aparecen
sin pedir permiso,
la experiencia te ofrece,
vivir sin compromiso.

El cuerpo cambia totalmente,
la gravidez es un hecho,
pero tu alma es más fuerte
y sigue el camino que le toca, por derecho.

No te asustes, ni te agobies,
no te culpes, no te frustres
esto es para que cambies
para que te ilustres.

La vida hay que vivirla
como llega y se presenta,
la gracia está en pulirla,
esto nos alienta.

Si no vives alegremente,
con esperanzas y aventuras,
suéltate el cabello, simplemente
y vive de golpe todas las locuras.

Esto es un teatro y tú el actor,
que las opiniones ajenas
no te provoquen dolor
la vida tiene que ser plena.

Sé libre, sé tú, con tus años,
esta es la mejor medicina
ir subiendo los peldaños
y volverás a ser joven de forma repentina.

ENAMORARSE

¿Qué es el amor...?
¿Coincidencias, alegrías, paciencia...?
¿Hay que tomarse todo con humor
o estar despierto y tener consciencia?

Cuando estás con alguien
que a ti te interesa.
¿Quieres que te guíen?
¿O prefieres el factor sorpresa?

¿Haces concesiones en tu interior
y muestras la verdad de tu ser...?
O todo lo contrario, ¿tu interior
es engañoso y difícil de conocer?

¿Nos abrimos de verdad?
¿O somos cautelosos...?
¿Mostramos la sinceridad
o somos amorosos?

¿Dónde está el verdadero corazón?
¿Cuál es la postura correcta?
Es por esta razón
que es mi pregunta predilecta.

Si somos auténticos
¿somos malvados...?
Si somos íntegros
no siempre somos aceptados.

Es mejor estar solo
que mal acompañado,
es preferible la soledad a no ser amado,
para evitar un mal resultado.

Lo cierto es ser UNO
le guste al otro o no le guste,
siempre habrá alguno
que te acepte y que le gustes.

MI MASCOTA

Tú me acompañas desde siempre,
sin pedir nada a cambio,
fiel compañera, mirada inmutable,
incondicional, única, amable.

Estás presente, firmemente,
eres mágica e independiente.
Cuando tienes hambre,
tu maullido es constante, aturdes mi mente.

Tus ojitos siempre atentos
a mis movimientos,
observando en silencio,
con un cariño intenso.

Te quiero por grande,
por ser humilde y querible.
Has logrado que se ablande,
mi corazón vulnerable.

Comparo tu amor con los humanos,
y me llevo un gran chasco,
no te llegan ni siquiera
a la suela de tus zapatos.

JUEGO

La vida es como un juego,
hay momentos en que se gana
y eso ayuda a aumentar el ego,
pero no es una experiencia sana.

En otros momentos, perdemos
y eso nos vuelve vulnerables
pero es ahí cuando seremos
mucho más responsables.

Jugamos siempre a ganar,
muchas veces sin ver las consecuencias,
también debemos controlar
nuestras propias pertenencias.

Jugar es divertido,
en la medida de tener armonía
puedes terminar vencido,
y caer en agonía.

Esta vida nos induce
a ser mejores, a ganar este juego
pero lo más importante se traduce
en no lamentarlo luego.

METAS

Es de vital importancia
ponerse logros y metas
y no es por arrogancia
sino para evitar ser veletas.

La vida te obliga a crearlas,
no podemos vivir sin ellas,
lo interesante es conscientizarlas
para aspirar llegar a las estrellas.

Hay momentos que no vemos
el futuro claro, las ideas,
pero los pensamientos son supremos
y tienen que ser bellos, tú los creas.

Son engañosas y esquivas,
hay metas diferentes a las deseadas
pero no hay que dejar de ser activa,
aunque sean distintas a las buscadas.

El destino es caprichoso
y el ser humano cambiante,
es bueno ser ambicioso
pero sin ser desafiante.

Hay un camino andante,
que debemos recorrerlo solos,
no te preocupes ni por un instante
al final todos son protocolos.

Las metas nos dan sentido,
motivos para esta vida,
hay que ser agradecidos
los cumplamos o no, antes de la partida.

MÚSICA

Tus acordes me hacen soñar,
aquí y en todo lugar.
Con tu ritmo me siento volar,
no me extraña, eres mágica de verdad.

Todos te escuchamos,
eres imprescindible, hay que admitir,
sin ti estaríamos apagados sino cantamos,
nos costaría sobrevivir.

Transportas con tu sonido a todos,
entras profundo en el cuerpo, en la mente
llegando al fondo, de todos modos
de los corazones latentes.

Haz puesto sonido a distintas historias
logras enamorar hasta el éxtasis,
dejando las almas con euforia
con tu sello de énfasis.

Haces volar, cantar, reír, sufrir, amar,
siempre has estado a mi lado,
Yo hoy te quiero proclamar
para que no desaparezcas nunca, sonido amado.

MAR

Eres grandioso, imponente,
lleno de almas, de seres.
De occidente a oriente
verte es, de los mejores placeres.

Sentir tu agua en la piel,
rozando tu sal el alma,
endulzándola como miel,
logrando así la calma.

Tu brisa me enamora,
tus olas me envuelven con tu frescura,
tu fondo mejora
si hay peces, corales, natura.

Los barcos te surcan,
los animales te habitan,
los recuerdos te evocan
en las fotos de los que te visitan.

Eres un mundo aparte,
con tus sonidos y energías,
no puedo dejar de mirarte,
tu movimiento me fascina,

Lleno de vida estás,
de cenizas, de muertes y sufrimientos,
limpias todas las heridas, tu sabrás.
En tu horizonte veo al sol,
en su nacimiento y en su despedida.

SER UNO MISMO

Es el mayor desafío
en el que me he metido,
en mi corazón confío
porque es sincero y atrevido.

Nos buscamos todo el tiempo,
en cada momento, en cada emoción,
es un buen pasatiempo
analizar la actuación.

Las circunstancias te prueban,
te sacan de quicio, te alarman
pero de esa manera te desvelan,
quién eres y quienes te desarman.

La búsqueda es trascendente,
para corregir y poder cambiar,
los defectos, las pobrezas, lo decadente
y saber contra qué luchar.

Tú eres tu maestro,
eres todo para ti mismo,
en honor a tus ancestros,
limpia para evitar el abismo.

Nos vemos de una forma engañosa,
negamos ver lo profundo,
es mas fácil la manera mentirosa
que llegar al fondo de tu mundo.

Pero eso no nos define,
hablando con sinceridad,
si realmente quieres que opine,
entra en tu propia oscuridad.

ABRAZOS

Los abrazos nos transforman,
nos hacen sentir vivos,
debemos ser agradecidos
ya que nos brindan motivos.

Abrazos de padres, familiares,
todos son la misma acción,
los de los amigos, parejas, amantes,
todo es cuestión de interpretación.

Pecho con pecho,
corazón con corazón,
un abrazo es un hecho
que no nace de la razón.

Los hay grandes y pequeños,
prolongados y en pedazos,
pero todos ellos son sueños
creados entre los brazos.

Nos quitan los miedos,
nos dan seguridad,
un abrazo sincero
es un signo de verdad.

Los hay fuertes, suaves,
débiles o poderosos
ellos son como llaves
que abren puertas de calabozos.

Son actos de amor,
llenos de compasión y ternura,
cuando abrazamos sin temor,
se transforman en locura.

Demostramos sentimientos,
amor, tristeza, amistad,
sólo en los grandes cuentos,
no se cuestiona su sinceridad.

Abracémonos sin parar,
es hermoso y difícil de olvidar,
lo que transmite el abrazo, el abrazo de verdad,
no hay palabras para poderlo explicar.

GENEROSIDAD

Tienes una gran virtud,
siempre piensas en los demás,
es una gran actitud,
que no hay que olvidar jamás.

Pensar en los que necesitan,
saber ponerse en la piel,
es bueno que lo transmitas
para que el mundo sea un edén.

Compartes siempre lo que tienes,
poco, mucho, regular,
pero si compartes tus bienes,
evitas especular.

Gran alma la generosa,
porque es sabia y sin apego,
no es débil, ni ambiciosa,
tú sí que no estás ciego.

Algún día tú podrás,
llegar a necesitar
y entonces te hará feliz encontrar
un ser generoso, sin mas.

REENCARNACIÓN

He venido en muchos cuerpos,
gordos, flacos, diversas alturas,
unos feos, otros guapos,
de diferentes culturas.

He pasado por todas las religiones,
hablé distintos idiomas,
he nacido en varias regiones
y he olvidado un sinfín de aromas.

Me he casado infinitas veces,
tuve muchos hijos,
hice insensateces
y pasé por el túnel de los acertijos.

He muerto, he nacido,
con sus respectivos rituales,
he crecido y aprendido
hasta los tiempos actuales.

Y aquí estoy, nuevamente,
para cumplir con el plan previsto,
viviendo, sintiendo, simplemente,
quién me quita lo vivido.

SILENCIOS

Silencios que cortan el alma,
son los que no responden
a las preguntas formuladas,
esos silencios sorprenden.

Hay silencios crueles,
con la finalidad de hacer daño,
hay otros que hacen que vueles
a los cielos o al engaño.

Silencios afirmativos,
en los que no se necesitan palabras,
hay otros muy efusivos
y otros, son obras macabras.

Los silencios dicen mucho,
sin decir nada,
yo tan solo escucho,
las ideas acalladas.

Cuando se rompen
se dicen cosas variadas,
algunos pueden quebrar
las armonías logradas.

Cuando rompas los silencios
que sea para crecer,
no los rompas para hacer juicios
pero sí para reconocer.

Los pensamientos nos inundan,
los silencios también,
no permitas que te hundan,
pero sí, que te cambien para bien.

MIRADA

Con la mirada perdida,
me quedo en mis pensamientos,
recreo toda mi vida,
desde el nacimiento.

La brisa me transporta
a diferentes momentos,
sobre todo a los que importa
después de muchos intentos.

La mirada dice cosas,
esté fija o borrosa,
dicen que es el espejo del alma,
intento que sea amorosa.

La mirada triste
denota pena y melancolía,
saber que existe,
no es dudar de la valía.

Mira con fe al futuro,
no te amedrentes ante nada,
tú eres valiente, te lo aseguro,
aunque no lo veas desde tu mirada.

La vida nos enseña
a mirar de mil formas,
ponte en forma risueña,
verás como te transformas.

EXTRANJERO

Muchas veces nos sentimos extranjeros
en nuestra propia tierra,
por no identificarnos, por ser pasajeros,
aunque uno se aferra.

Si nos hemos ido,
más difícil se nos hace comprender
la tierra donde hemos nacido
a la distancia es complejo de entender.

Hay lugares que a uno lo acogen
con amor, con amistad, con virtud,
te abrazan, te conocen,
pausadamente, con lentitud.

Experiencias a vivir
saliendo de la zona de confort,
interesantes, profundas, te van a servir
serán mas fuertes que el amor.

Te darán vuelo, seguridad
podrás comparar
donde es mas agradable
vivir en libertad, pero hay un precio que pagar.

No hay aprendizaje sin riesgo,
es una premisa fundamental,
es importante el No Apego,
para cualquier extranjero.

FANTASMAS

Son almas que vagan
entre nosotros,
sus cuerpos se apagan
pero sus almas quedan en sus rostros.

Son eternos incomprendidos,
buscan respuestas a sus preguntas,
están aturdidos,
son difuntos.

No te asustes,
no hacen daño
puede que no te gusten
pero son como ermitaños.

Sus visiones del mundo
son diferentes,
vienen de lo mas profundo,
son inocentes.

Puede que te ayuden,
te eviten dificultades,
ellos siempre acuden,
si los llamas, en todas las sociedades.

Son amores inmortales
que están presentes,
aunque sus cuerpos sean inexistentes,
sus almas están latentes.

Ellos se sienten duales,
en una dimensión o en otra,
son seres vitales,
nuestros muertos vivientes.

SONRISAS

¿Hay algo comparable a las sonrisas?
¡Pues yo creo que no!
Las hay indecisas, insumisas
todas crean un aire ameno.

Pueden ser falsas, seguras,
divertidas, injuriosas,
contagiosas, subestimadoras,
simpáticas, dudosas.

Todas tienen su mensaje
que hay que saber interpretar,
es como un gran lenguaje,
lo importante es acertar.

Hacer sonreír a un niño,
a un abuelo, a alguien que sufre,
es un acto de cariño,
es tener la llave del cofre.

Admiro a los actores
capaces de divertir,
es todo un arte para los creadores,
ellos te hacen sonreír.

Una palabra ocurrente a tiempo,
un gesto divertido,
una mueca a destiempo,
crea magia distendida.

Sonreír, aún sin motivo,
puede ser muy divertido,
energía pura, es positivo,
te saca la tristeza de todo lo sufrido.

ARTE

Hay gente que tiene mucho arte,
aunque no sean artistas
transmiten belleza, saben entregarte,
esa magia idealista.

Los que pintan, los que escriben,
los creadores en cualquier ámbito,
surge, lo conciben,
les brota como cascadas, es un hábito.

Se puede crear en el amor,
en las relaciones familiares,
hay que tomárselo con humor,
si el resultado no lo esperares.

Para gustos colores,
el arte está en todas partes
en un plato de comida, en sus olores,
en el arte de amar y los amantes.

Si haces las cosas con el corazón,
lo estás haciendo con mucho arte,
si pones a tu vida color y salazón,
por eso, eres digno de admirarte.

MEDITACIÓN

A la noche me preparo
para conectar conmigo misma,
me relajo sin reparo
creando con la energía un prisma.

La música me invade,
la respiración es mas lenta,
mi mente vuela, se evade,
encontrar el centro, lo fundamenta.

Vienen colores, luces, imágenes,
respuestas, sensación de paz interior,
lo bueno es que te serenes
y comprendas el mensaje.

Es un ejercicio que todos deberíamos de hacer,
nos ahorraríamos depresiones y malestares,
es como un verdadero renacer,
sin necesidades ni de ruegos, ni de altares.

Tendría que ser parte de nuestra cultura,
respiraríamos mejor y mas calmados,
eso nos daría otra visión, otra postura
y aprenderíamos a amar y a ser amados.

PROPÓSITO

¿Cuál es tu propósito
en esta sorprendente vida?
¿Cumples con los requisitos
para no sentirte vacía?

Piensa que emoción te mueve,
que te da la fuerza
para que el motor funcione
aunque sea breve, pero con certeza.

Las experiencias, las frustraciones,
nos ayudan a entender la dinámica,
hay muchas razones
que nos dan pistas muy gráficas.

Está en ti verlas, entenderlas,
sentirte plena con lo que haces
y que sepas comprenderlas
para centrarte y que no te retrasen.

Lucha contra viento y marea,
tú propósito debe florecer
mira lo que te plantea,
tu corazón, tu mente, tu Ser.

Tu anhelo de vivir una novela,
hará posible curar heridas
para que tu vida sea
un lugar mágico y sin secuelas.

DESHOJANDO LA MARGARITA

Me quiere, no me quiere,
es una cruel duda,
quién me viere,
deshojando la margarita.

Si sale que me quiere,
mi corazón se acelera,
dejo que la alegría se apodere
y la sangre se me altera.

Pero si sale lo contrario,
mi ánimo se deprime,
todo esto es un misterio,
interesante y sublime.

¿Porqué dejamos cosas al azahar?
¿Existe el destino?
Necesitamos confiar,
¿es certero o es divino…?

VOLVER

Volver, con la frente marchita,
como dice el tango,
a un lugar que ya no te identifica,
la excusa era salir del fango.

Volver a remover el pasado,
para qué, que finalidad tiene,
es más un retraso
probablemente el volver te condene.

Volver para repetir errores
con la gente mala conocida,
antepasados mayores,
será una caída en gran medida.

Volver al pasado,
a antiguos amores,
a familiares que he dejado,
intentando comprender sus honores.

¿Volver para qué?
¿Para repetir errores?
¿Para entender en qué pequé?
¿Para retroceder y perder mis valores?

Nada de esto es útil,
cuando tomas decisiones
no retrocedas, sé valiente, con razones,
lo contrario es inútil.

Hazte responsable de los cambios,
de lo que sufriste o dejaste de vivir,
muerde tus labios
y mira lo que puedes conseguir.

Los valientes son los protagonistas,
de vidas heroicas y místicas,
ellos son como artistas,
no miran atrás, ven la parte novelística.

Hazte un favor, despierta,
deja atrás lo vivido,
encara el presente con mente abierta
y deja todo en el olvido.

VERDAD

Verdad, palabra compleja,
difícil de definir,
cada idea lo refleja,
una realidad a convenir.

Para unos significa una cosa,
para otros significa otra,
todo depende de la visión dichosa
y del concepto a favor o en contra.

El ángulo desde donde juzgas
es muy importante,
la opinión que prejuzga, sin conocer los detalles,
puede ser humillante.

Tenemos tablas de valores,
que nos encasillan en un instante,
por favor, hazme los honores de no juzgar,
es muy poco elegante.

Muchas razones justificantes,
nos pueden llevar a error,
para algunos, visiones inquietantes
y para otros de terror.

Hay que abrir la mente,
las ideas, con compasión,
para no juzgar injustamente,
la verdad de cada emoción.

Tu verdad va acorde a como ves la vida,
tu juicio es un cóctel de pasión,
pero todo en su justa medida
tenemos nuestra propia percepción.

Las verdades muchas veces salen del corazón
también la mente interviene
todo es cuestión de razón
y la conclusión que se obtiene.

¿La verdad donde está?
¿Tú lo sabes? Yo tampoco,
busca tu respuesta,
busca tu verdad como un loco.

PODER

He descubierto que el verdadero poder
está en fluir y dejar fluir,
llegando a mi propio atardecer
me entero que el poder es construir.

Construir un mundo mejor,
con seres que son ellos mismos,
que no necesitan de aprobación
y menos vivir en zonas de confort.

Construir una buena familia,
un entorno agradable,
buenas amigas,
crear un mundo inolvidable.

Dejar ser a las personas,
adaptarse a las circunstancias,
sin necesidad de modificar,
aunque se hagan intentonas,
el dejar fluir es la clave, es de gran importancia.

Cuando entiendes esto
te transformas en poderosa
sin apegos, sin juicios,
sin esperar nada, ni un gesto,
es una sensación milagrosa.

Te admiran, te respetan,
te piden opinión, te lo manifiestan,
esto es el poder de llegar y transformar
al personaje más difícil de reformar.

Cuando uno da libertad a los demás
le quitas las ansias de pelear,
desaparecen los enfrentamientos,
y te vuelves un héroe de verdad.

MI HOGAR

Eres mi refugio,
dentro tuyo me siento protegida,
cuando deseo desaparecer, eres mi subterfugio
y en ti me siento siempre bien acogida.

Me gusta mi entorno
lleno de buenas energías
a la cual siempre retorno,
para sentirme entera en mi mundología.

Pocos muebles, buena vibra,
esa es mi filosofía
porque da armonía y equilibra,
brindando un espacio fresco, sin melancolías.

Colores claros, líneas rectas,
mucha luz y amplitud,
dependencias perfectas,
amo la tranquilidad y su quietud.

Disfruto de verdad compartiendo,
es mi mundo ideal para desconectarme
ser feliz entre sus paredes, viviendo,
me reencuentro, me ayuda a identificarme.

No existe la casa perfecta,
pero sí el refugio que todos necesitamos
paz, belleza, alegría, serenidad, selecta,
son lugares con los que soñamos.

CULPA

¿Por qué sentir culpa...?
De vivencias que debían pasar,
para aprender y crecer sin disculpa
y sin el criterio de fracasar.

Venimos a aprender
y a probarnos en lo difícil,
es parte de este juego, comprender,
los errores y aciertos, es útil.

Pensamos que se pudo hacer mejor,
no contemplamos la edad, ni el momento, ni el sentir,
cuando te vas haciendo mayor,
entiendes en lo que te pretendes convertir.

Las lamentaciones no son útiles,
mas positivo es corregir
para evitar perder un tiempo inútil,
y así poder crecer y reelegir.

Siempre hay una nueva oportunidad
de avanzar, de ser mejores,
esta es la pura realidad,
date la opción, somos creadores.

PASADO

Viajar al pasado,
con la mente inquieta,
aparecen los recuerdos apresados,
viven en el tiempo, creando grietas.

El pensamiento vuela,
lo vivido se agranda,
así uno se consuela
y con los años se ablanda.

Somos un compendio de hechos,
ideas, emociones, palabras,
con un camino lleno de deshechos
de situaciones buenas y macabras.

Nuestra mente se queda
con los mejores momentos,
eso es en realidad lo que hereda,
crea el presente y los cimientos.

Ten cuidado, no te creas todo,
porque hay mentiras y espejismos,
verdades e invenciones de todos modos,
no somos conscientes de tanto cinismo.

Lo importante es ver el presente,
con firmeza y armonía,
el pasado no es inminente
pero el estar en paz evita la agonía.

Crea un pasado maravilloso
en base a un real presente,
que tu corazón se sienta orgulloso
de haber vivido intensamente.

ALEGRÍA

Mi corazón siente alegría,
cuando veo a mi hijo y comparto buenos momentos,
cuando estoy en buena compañía, abrazaría
todo lo que me rodea hasta quedar sin aliento.

Ver la alegría en la naturaleza,
las plantas, los animales, los cielos,
el sentir que el alma está libre de maleza,
que todo es un hermoso cuento lleno de cumplidos anhel

La vida nos rodea de risas,
de instantes gratos,
llenos de regocijo, de euforias.
No pierdas tu tiempo, cambia tu relato.

Sé feliz con lo que tienes,
puede llegar a ser mucho,
no permitas que la tristeza sea la que te sostiene.
Mantén tu sonrisa y quema hasta tu último cartucho.

REINVENTARSE

La vida me enseñó a reinventarme
para poder sobrevivir,
aprender a desapegarme
para no sufrir.

Nos vamos adaptando a las circunstancias,
que son diferentes, variadas,
nos ayuda a practicar la tolerancia
y a encontrar la paz buscada.

Cambios en las decisiones,
imaginar momentos distintos,
nos obliga a revisiones
y a desarrollar los instintos.

Modificar posturas interiores,
esto produce alquimias
forzadas o no, por distintos factores,
repercutiendo en las familias.

El reinventarse puede ser en la fe, en la confianza,
en Dios, en uno, en la sociedad,
es un voto de esperanza,
que nos viene con la edad.

La vida te obliga a cambiar,
de manera sustancial,
no te tienes que agobiar,
es una experiencia genial.

RECUERDOS

Somos un cúmulo de recuerdos,
buenos, malos, inciertos,
con los años los modificamos, es de cuerdos,
y nos quedamos con los mejores encubiertos.

Es normal hacerlo,
necesario para el alma,
pero también hay que verlo,
no engañarnos, tomarlos con calma.

Imágenes grabadas negativamente,
hacen peligrar historias aladas,
que están en nuestra mente,
no desaparecen, están agazapadas.

Cuentos de ensueño se desvanecen
cuando la realidad ha sido diferente,
la objetividad y la memoria desaparecen,
esto nos pasa a la mayoría de la gente.

El autoengaño es inconsciente,
tendemos a recordar los buenos momentos,
finalmente es una acción complaciente
para evitar los recuerdos cruentos.

Pero si realmente recordásemos todo
lo lamentaríamos,
hundidos en el lodo,
nos aniquilaríamos.

La naturaleza es sabia,
nos ayuda sobremanera,
evitándonos sentir la rabia
y dejándonos el buen sabor como bandera.

EXPERIENCIAS

He ido pasando etapas,
buenas, malas regulares,
de todas las vivencias no escapas,
esto es para que por fin te aclares.

Amores profundos, otros superficiales,
amistades largas, otras cortas,
personas que son esenciales,
otras que no soportas.

Familia, que es necesaria,
que te acoge sin condiciones,
no es por ser sectaria,
pero las hay sin emociones.

Cada día es un aprendizaje,
pierdes algo y ganas mucho,
lo importante es no tener anclajes,
aprovecha, siente, escucha, lucha.

Aprendemos diariamente
a ser cautos y observadores,
nos transformamos ágilmente,
en intuitivos y videntes.

Peinar canas es un buen presagio,
significa que cumples años,
que estás vivo, sin caer en el naufragio,
nos volvemos exigentes, hasta ermitaños.

Todo y todos siempre aportan,
aprendes o no, según decidas,
poco, mucho, pero lo que importan,
son las experiencias vividas.

AMOR

Amor, palabra de cuatro letras,
que encierran un misterio a descifrar,
te anima, te crea metas,
el amor es singular.

Amas de muchas maneras,
personas, mascotas, lugares, aromas, cambios,
los amores son tan amplios
que no tienen fronteras.

Tú corazón palpita mas fuerte,
sientes que el mundo te queda pequeño,
sigues hasta la muerte,
creyendo que es definitivo, es tu dueño.

Pero muchas veces las apariencias engañan,
y lo que parece eterno y piensas que no lo mereces,
puede cambiar y a tu corazón arañan
y tus sueños se desvanecen.

Luchas contracorriente,
hasta que las ilusiones desaparecen,
todo pierde el sentido, hasta la gente,
hay muchos que lo padecen.

El amor es complicado,
limitado por el grado de consciencia,
por el deseo de cada amado,
si no es una cuestión de independencia.

Aprende a ser a tu manera,
a amar sin condición ni tiempos,
ten una actitud sincera
y no vivirás contratiempos.

FELICIDAD

¿Qué es la felicidad...?
Pregunta difícil de responder,
yo me la tomo con mucha seriedad,
quiero saber, quiero entender.

Para algunos, la felicidad
es estar sano y fuerte,
puede que sea verdad,
¿pero que pasa después de la muerte...?

¿Continúa la sensación...?
¿es algo que acaba cuando uno muere...?
Yo tengo la intuición que es infinita,
que siempre estuviere.

Otros creen que es tener un amor,
amor a todo, a la pareja,
yo pienso con fervor,
que es mas retorcido, más compleja.

Hay quienes consideran,
que es tener dinero y fortuna,
pero hay gente feliz que se libera de bienes
y otros tienen hambruna.

Para otros son los hijos,
la familia, los amigos,
pero, sin embargo, rencores viejos
crean malestares, soy testigo.

¿Dónde está la felicidad...?
No es tener confusionismo,
es simplemente la curiosidad
de honrarse a uno mismo.

Pero si estamos bien por dentro,
nos aceptamos y nos amamos,
la felicidad está en tu epicentro,
ya nos acercamos.

Creo que hay mas misterio
que lograr el equilibrio y la armonía,
no es cuestión de entrar en un monasterio,
simplemente es tener buena energía.

LA MUERTE

¿Qué es la muerte...?
Dulce señora vehemente,
Que anda con una guadaña
pero que en realidad, no daña.

Llega cuando ella quiere,
sin aviso y por sorpresa,
nada ni nadie interfiere,
ella hace su trabajo, busca su presa.

Gracias a ella cambias de estado,
te liberas, eres llevado
¿a los cielos...? ¿ a los infiernos...? ¿al pasado...?
no escapas al llamado.

Vuelves a ser tú, el verdadero,
sin un cuerpo, sin lamentos,
eres realmente el pasajero,
libre, libre como el viento.

¿QUÉ SOY?

Caja boba eres,
nos entretienes, nos embaucas,
con tus historias de seres,
infieles, religiosas, sorprendentes, laicas.

Mucho para ver,
escuchar, interpretar, debatir
un medio para vender
para llorar, reír, competir.

Hay de todo y para todos,
yo le escapo a las noticias
prefiero pelis, series, artes, ciencias,
de todos modos, reír sin prisas.

No soporto la tristeza,
ni el dolor, ni la angustia,
no quiero estar en primera fila y ser jueza,
de la desgracia ajena, me pone mustia.

Lo mejor es verla poco,
en momentos puntuales, ver pelis gloriosas,
no la veas como un foco,
puede ser peligrosa.

¿QUÉ SOY?

Te llevo a todas partes,
hago lo que me mandas,
tienes que tener muchas artes,
para que te lleve a tus parrandas.

No protesto, no digo nada,
tan solo ronroneo
cuando me apuras o me aceleras,
es una manía que tengo.

Sé que te hago feliz,
te escucho decírmelo,
para agradecértelo,
pongo buena música para Beatríz.

No te dejo tirada,
por ahora,
porque tú me cuidas mucho
y me valoras.

Mi color es el rojo,
el que enamora,
vas cómoda y con mucho ojo.
Te llevo sobre ruedas, sin demora.

¿QUÉ SOY?

Te pongo en un lugar diferente,
no soy persona sin vos,
hay momentos que eres transparente,
no te encuentro, ¡por Dios!

No veo si tú no estás,
sufro si no te puedo usar,
suena raro, pero es real, si estás sucia,
te tengo que limpiar.

Puedes tener varios grosores,
depende de la persona y su graduación,
vienen en varios colores,
son importantes, esa es la conclusión.

Hubo momentos que las he perdido,
las dejé, no sé donde,
pero finalmente han aparecido
en un lugar que no corresponde.

¿Qué soy? ¿Tú me usas ...?
Son necesarias con el sol
¿te he dejado confusa...?
tan necesarias como un farol.

¡No me pierdas por favor!
Somos tus preferidas,
nos necesitas,
¡dilo con fervor!

¿QUÉ SOY?

Te necesito constantemente,
o eso es lo que creo,
si no dices nada, me preocupo, enormemente,
cuando no suceden cosas, me cabreo.

Te uso estrictamente para todo,
enterarme, informarme, cotejar,
todo lo sabes de igual modo,
pero no me dejo influenciar.

Te cambio de vez en cuando,
pero eso es realmente un problema,
tengo que estar recolectando datos,
que es un poema.

Te puedo customizar
elegir color, tamaño, marca,
llego todo a analizar,
hasta donde abarcas.

Te uso seguido,
cumples mis necesidades,
siempre te he sustituído,
por uno mejor, dentro de las novedades.

¿Qué soy, como me llamo...?
estoy cerca pero no inmóvil
si me faltas hago un desparramo.
¿Has adivinado ...? Soy...

¿QUIÉN SOY?

Busco, busco y no te encuentro,
porque no es fácil localizarte,
sé que estás muy dentro,
y por eso no te veo, es todo un arte.

Miro por fuera y por dentro,
y no puedo identificarte,
Sé que estás allí,
pero donde, en que parte...

Hablan de ti en los libros,
en las religiones, en el mundo,
no se te puede ver, pero rompes el equilibrio,
de sabios, de conocedores, es un misterio profundo.

Sé que te vas cuando morimos,
que tan solo pesas 15 gramos,
tu ser, nos da sentido, lo presentimos,
pero contigo nos vamos.
¿Quién soy...?

Soluciones

Este libro ha sido editado con mimo y magia
en los talleres de Rapitbook,
donde los relojes corren hacia atrás
y el Conejo Blanco cuida los autores.